Наталья Павлова

ЧИТАЕМ
после АЗБУКИ
с крупными буквами

Москва
2008

УДК 372.3/.4
ББК 74.102
П 12

Учебное издание

Наталья Павлова

ЧИТАЕМ
после «Азбуки с крупными буквами»

Художники
Владимир Зацеляпин
Наталья Мельникова

Пособие для игрового дошкольного обучения, осуществляемого родителями,
воспитателями детских дошкольных учреждений и учителями

Руководитель проекта *О. Г. Хинн*
Ведущий редактор *Н. В. Тегипко*
Художественный редактор *А. Е. Волков*
Компьютерная верстка *А. А. Кучерова*
Корректор *И. К. Молчанова*
Техническое обеспечение проекта: *В. В. Обухов*
Рисунок на обложке: *В. Н. Куров*

ООО «ОЛИСС»
105120, Москва, ул. Краснобогатырская, д. 2, стр.2.
Тел.: (495) 258-52-61

ООО Издательство «Эксмо»
127299, Москва, ул. Клары Цеткин, д.18/5. Тел.: 411-68-86, 956-39-21.
Home page: **www.eksmo.ru** E-mail: **info@eksmo.ru**

Подписано в печать 11.09.2008.
Формат 60×84^1/$_8$. Печать офсетная. Бумага офсетная. Усл. печ. л. 7,44.
Тираж 6000 экз. Заказ № 3582.

Отпечатано с электронных носителей издательства.
ОАО "Тверской полиграфический комбинат", 170024, г. Тверь, пр-т Ленина, 5.
Телефон: (4822) 44-52-03, 44-50-34, Телефон/факс: (4822) 44-42-15
Home page - www.tverpk.ru Электронная почта (E-mail) -sales@tverpk.ru

Павлова Н. Н.
П 12   Читаем после «Азбуки с крупными буквами»: учебное пособие /
Н. Н. Павлова; ил. Н. В. Мельниковой и В. Н. Зацеляпина. — М.:
ОЛИСС, Эксмо, 2008. — 64 с.: ил. — (Завтра в школу).

УДК 372.3/.4
ББК 74.102

ISBN 978-5-699-31084-5

Эта книга – ценный подарок как для детей, так и для их родителей. **Подобных книг** в море обучающей и развивающей литературы **найти практически невозможно.** Она **адресована** тем **детям, которые недавно научились читать и пока делают это ещё не очень хорошо** – по слогам, медленно, плохо понимая прочитанное. Именно это тревожит родителей, и они задаются вопросом: а что дальше? Конечно, можно купить любую детскую книжку и дать её малышу: читай, тренируйся! Но этот путь не очень удачный: он слишком трудный и почти всегда неинтересный для ребёнка. Ведь **книга** для малыша, недавно научившегося читать, **должна быть особенной:** тексты – небольшими по объёму (идеально, если за один раз ребёнок сможет дочитать каждый из них до конца); предложения и слова – достаточно простыми по структуре; сюжет – увлекательным, заставляющим забывать о трудностях чтения; шрифт – крупным (как в «Азбуке» или «Букваре»).

Если очень постараться и не пожалеть времени, можно найти в продаже книжку, отвечающую перечисленным требованиям (сборник стихов, коротких сказок и т. д.). Но, увы, всё равно это не лучший выход. Такая книга не будет **учить** ребёнка **читать правильно,** плавно, выразительно. Для этого **нужны** не только тексты, но и **специальные задания, упражнения, игры.** Они ждут малыша в нашей книге. Это **не просто сборник стихов и рассказов,** это **книга-игра,** добрый и умный помощник в трудном деле развития техники чтения. Наши основные задачи – **поддержать интерес малыша к учёбе;** научить его использовать средства выразительности (темп, паузы, интонацию) и сформировать навык правильного, осознанного чтения.

Конечно, для этого понадобится помощь взрослого. Некоторые задания и правила игр вы будете читать ребёнку сами, но в дальнейшем таких заданий станет меньше; **во второй половине книги ребёнок будет читать её почти самостоятельно.** Объясняя малышу условия игры, которая встретилась в первый раз, убедитесь, что он всё понял, так как дальше описания правил этой игры не встретятся, нужно будет вспомнить их, ориентируясь на значок-подсказку.

Одно занятие рассчитано на 25–30 минут. Выполняйте задания последовательно, так как они логически связаны друг с другом: предыдущее готовит к выполнению следующего.

Книга поможет преодолеть трудности на пути овладения навыком чтения, и необыкновенное путешествие по страницам книги сделает этот путь интересным и лёгким. **Вам даже не придётся заставлять малыша учиться, просто предложите ему поиграть.**

Желаем успехов!

ЗАНЯТИЕ 1 ✓

Игра «Всё быстрее» (читаем на скорость).

Читай слоги как можно быстрее, двигаясь по стрелке. Мама будет смотреть на часы. В красном кружочке она запишет карандашом, за сколько секунд ты прочитал все слоги.

КОЛ	→	КЛО	→	ОЛК	→	ЛОК
СОТ	→	СТО	→	ОСТ	→	ТОС
ТИР	→	ТРИ	→	ИРТ	→	РИТ

Игра «Паровоз» (читаем целыми словами).

Паровоз мчится от одной станции до другой без остановки. А мы будем читать слова без остановок в середине слова. Чтобы было легче, «тяни» (говори долго) гласный звук, а в это время уже смотри на следующий слог. Как только узнаешь его, сразу называй. Запомни! В этой игре можно читать слово медленно, но нельзя останавливаться в середине слова! Дочитай до конца сло́ва (место, где нарисован зелёный флажок) и только там остановись. Если ты остановился в середине слова, нарисуй в этом месте красный флажок. Он покажет, что ты ошибся.

мо-ло-ко ▶	хо-ди-ли ▶	хо-ро-вод ▶
са-по-ги ▶	ра-бо-та ▶	са-мо-лёт ▶
хо-ро-шо ▶	че-ло-век ▶	пи-ро-жок ▶
ма-ли-на ▶	мо-ло-дец ▶	че-мо-дан ▶

Ёжик написал рассказ. Но пошёл дождик и смыл несколько слов. Догадайся, какие слова смыл дождь.

На лугу пасётся ⬛.

Она жуёт сочную ⬛.

На голове у коровы острые ⬛.

Но Катя совсем не боится коровы.

Она собирает ⬛.

Из ромашек Катя сплела ⬛.

ЗАНЯТИЕ 2

Игра «Стрела» (читаем с ускорением).

Про кого говорят: «Летит, как стрела»? Правильно, про того, кто движется очень-очень быстро. А мы будем учиться очень быстро читать слоги.

Запомни правила игры: сначала читай слоги как обычно, но, как только увидишь рисунок-стрелу, – лети стрелой: читай так быстро, как только можешь, до конца строки.

ли	ми	ти	ри	↗	ви	ни	си	ди	пи
бе	те	ге	зе	ке	↗	ле	ше	хе	че
ся	пя	мя	↗	ря	ля	ня	тя	дя	бя
пё	нё	вё	сё	↗	рё	тё	шё	зё	лё

Игра «Паровоз».

Вспомни правила этой игры (стр. 4).

о-го-нёк ⚑   о-ко-ло ⚑

у-го-лёк ⚑   у-ли-цы ⚑

а-ро-мат ⚑   я-го-да ⚑

о-го-род ⚑   а-ку-ла ⚑

И-го-рёк ⚑   у-мо-ра ⚑

а-ба-жур ⚑   И-ри-ша ⚑

Сколько красных флажков ты нарисовал? Сосчитай свои ошибки.

Это правда или нет?

Зимой медведь спит в берлоге.

Летом часто идёт снег.

Птицы вьют гнёзда осенью.

Весной в лесу много ягод.

Летом санки не нужны.

Какие вещи нужны только зимой? Подчеркни эти слова.

шуба   зонтик   коньки

плавки   сарафан   шорты

плащ   лукошко   лыжи

валенки   санки   велосипед

ЗАНЯТИЕ 3 ☀

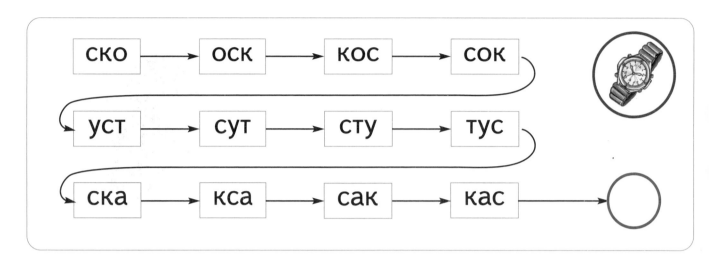

Мамы и папы нет дома. Коля решил навести порядок.

Он поставил  на [телевизор] .

В [холодильник] убрал [книга] и [карандаши] .

А [брюки] и [рубашка] положил на [стол] .

Скоро мама придёт домой.

Что она скажет?

Где должны лежать эти вещи? Соедини слова с рисунками.

синий чайник

синий шарф

синее пальто

синее блюдце

синяя юбка

синяя чашка

синие брюки

синие тарелки

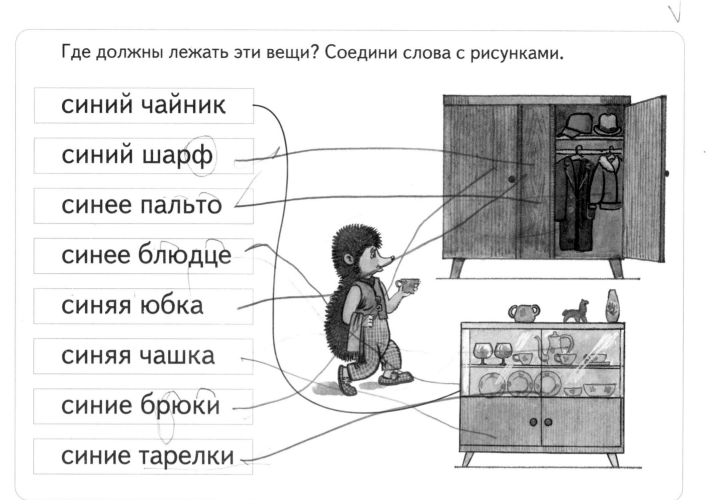

У дороги, по которой едут машины, стоят дорожные знаки. Они подсказывают водителю, как правильно ехать, например, где нужно ехать быстро, а где остановиться. В книгах тебя тоже ждут знаки-помощники. Их называют «знаки препинания». Чаще всего тебе встречаются точки и запятые. Они говорят: стой! Значит, ты должен сделать небольшую паузу-остановку: чуть-чуть помолчать, а потом читать дальше.

Прочитай предложения правильно.

Бабушка варит суп.
Она режет лук,
морковь, капусту.
На обед будет вкусный,
полезный борщ.

ЗАНЯТИЕ 4 ✳

Читай слова в «окошках» вместе, не делая между ними остановок, как будто это одно слово.

в поле	к дому	за морем

на окне	по дороге	у реки

Прочитай рассказ. Слова в «окошках» читай сразу, как одно слово.

Трус.

Саша был трус. Была гроза и гром . Саша влез в шкаф . Там было ему темно и душно . Саше не слышно было, прошла ли гроза. Сиди, Саша, всегда в шкафу за то, что ты трус.

(По Льву Толстому)

poloska ▸	иголка ▸	слон ▸
линейка ▸	удочка ▸	крот ▸
коробка ▸	ягодка ▸	враг ▸
записка ▸	улитка ▸	друг ▸
верёвка ▸	ошибка ▸	крем ▸
копейка ▸	улыбка ▸	план ▸

Ты уже знаешь, для чего нужны точки и запятые. Но в книгах ты встретишь и другие знаки препинания. Сегодня мы познакомимся с двумя из них – восклицательным знаком и вопросительным знаком. Они подскажут, с какой интонацией нужно читать предложение.

Если в конце предложения мы видим вопросительный знак, то это предложение мы читаем так, как будто спрашиваем, задаём вопрос.

Восклицательный знак говорит, что предложение нужно произнести с сильным чувством (радостью, огорчением, удивлением или каким-то ещё) и громче, чем обычно.

Прочитай предложения правильно.

Чей это ботинок?

Где ты был?

Кто хочет яблоко?

Ура! Мне купили ролики!

Какой сильный дождь!

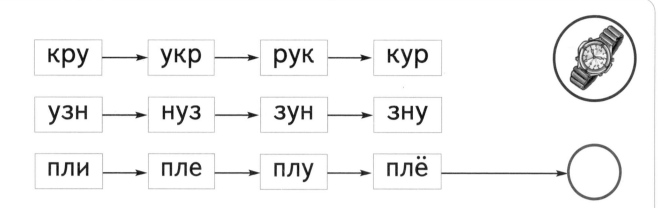

кру →	укр →	рук →	кур
узн →	нуз →	зун →	зну
пли →	пле →	плу →	плё → ○

Посмотри, за сколько секунд ты выполнил такое же задание на первом занятии. Больше или меньше времени ты потратил сегодня? Быстрее ли ты стал читать?

Найди и подчеркни спрятавшиеся слова: в первой строчке – слово «лук», во второй – «мак» и так далее.

 луна лак лик лук лупа лапа лук

 мог миг мак мама март макака

 дог дом дама дым дом долг дом

 стол стоп слон стул стол стон стог

 мяч матч мясо мяч меч мачта

Прочитай. Добавь нужные слова.

Миша Зверев не решил дома задачу.

В школу он плёлся, как  .

Начался урок. Дрожит Миша, как  .

Вызвала Ольга Петровна Мишу отвечать.

А он молчит, как  .

Соедини слова и картинки.

Хитрый, как

Быстрый, как

Красный, как

Упрямый, как

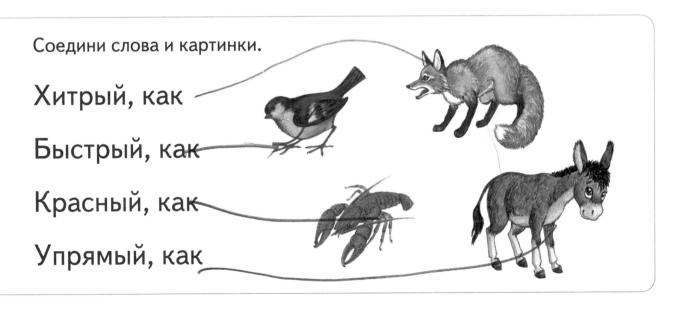

столица ▸   крокодил ▸   пружина ▸

стаканы ▸   продавец ▸   тропинка ▸

красота ▸   прибежал ▸   кролики ▸

плавают ▸   проходил ▸   знакомый ▸

Посмотри на знаки. Прочитай правильно.

Мы пойдём в парк.

Мы пойдём в парк!

Мы пойдём в парк?

Мне купят новый мяч?

Мне купят новый мяч!

Мне купят новый мяч.

Даше подарили котёнка. Он такой красивый! Стали думать, как назвать малыша.

– Он похож на уголёк , – сказал папа. – Так и назовём котёнка.

Как-то дедушка забыл закрыть дверь. Уголёк убежал во двор . Ищет его Даша, не может найти. Где же Уголёк?

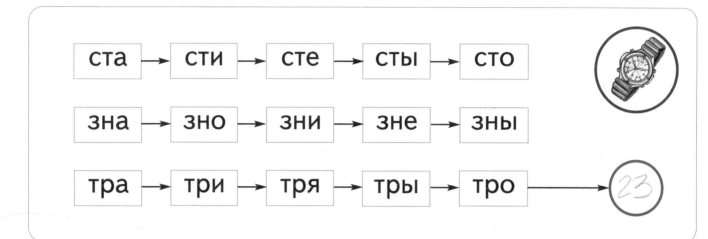

ста	→	сти	→	сте	→	сты	→	сто

зна	→	зно	→	зни	→	зне	→	зны

тра	→	три	→	тря	→	тры	→	тро	→	23

Прочитай рассказ один раз, потом ещё раз – выразительно (не забывая про знаки препинания).

Дима с папой шли по тропинке. Кто-то зашуршал в кустах.

– Там волк! Боюсь! – закричал Дима.

Папа заглянул под ветку калины.

– Знаешь, кто тут? – засмеялся он. – Это ёжик. Он сам тебя боится!

Какие слова пропали?

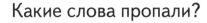

Дедушка потерял свои ОЧКИ .

Бабушка вяжет пушистый ШАРФ .

Коля сломал новую МАШИНу

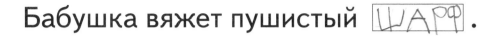

Дик грызёт вкусную КОСТЬ .

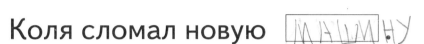

Маша надела тёплую ШАПКу .

Папа сорвал спелое ЯБлоко

Мы прячемся от дождя под большим ДЕРЕВом

Мышка читает тихо, ёжик читает громко.
Прочитай слоги:
– как ёжик;
– как мышка;
– по очереди: тихо, громко, тихо, громко...

ли, ле, лё, ля, лю, лы, ла, лу, ло,
си, се, сё, ся, сю, сы, са, су, со,
жи, же, це, ши, ше, жё, шё, ци

ЗАНЯТИЕ 8

хороводы ▸	велосипед ▸	недалеко ▸
черепаха ▸	самолётик ▸	коробочка ▸
половина ▸	аквариум ▸	приходили ▸
пуговица ▸	чирикает ▸	воскресенье ▸

Кто?

Летает, клюёт, каркает.
Летает, клюёт, чирикает.
Плавает, летает, крякает.
Плавает, прыгает, квакает.
Ползает, летает, жужжит.
Ползает, кусает, шипит.
Летает, кусает, пищит.

Прочитай стихотворение. Подчёркнутые слова читай громче остальных слов.

В воскресенье к Косте
Приходили гости.
Петя громко топал:
Топ, топ, топ!
Гена звонко хлопал:
Хлоп, хлоп, хлоп!
Барабанил Женя:
Бум, бум, бум!
Испугались все соседи:
Что это за шум?!
По лестнице затопали:
Топ, топ, топ!
Дверью лифта хлопали:
Хлоп, хлоп, хлоп!
В стенку застучали:
Бум, бум, бум!
Удивились дети:
Что это за шум?

ЗАНЯТИЕ 9

бре	пре	тре	кре	зре
кну	сну	вну	дну	мну
хра	дра	пра	мра	гра

Игра «Покажи дорогу»

(тренируем внимание, зрительную память).

Помоги ёжику добраться до дома. Для этого прочитай слог на флажке. Ёжик может идти только мимо тех слов, в которых есть этот слог. Нарисуй дорогу до дома ёжика.

Некоторые слова пишутся не так, как произносятся (например, пишут «что», а говорят «што»). Читая слова, произноси их, как обычно в разговоре.

что	отчего	у того
чтобы	у кого	от этого
потому что	у него	у нашего

– Отчего у мамочки
На щеках две ямочки?
– Отчего у кошки
Вместо ручек ножки?
– Отчего шоколадки
Не растут на кроватке?
– Отчего у няни
Волосы в сметане?
– Отчего у птичек
Нет рукавичек?
– Отчего лягушки
Спят без подушки?..
– Оттого, что у моего сыночка
Рот без замочка.

(Саша Чёрный)

ЗАНЯТИЕ 10

пробирался ▸	появился ▸
проберётся ▸	появились ▸
проберёмся ▸	появляется ▸
пробираюсь ▸	появляйся ▸

Прочитай рассказ. Подчёркнутые слова произноси, как обычно в разговоре.

У старого клёна мы нашли необычного жука. У него большие рога. Этого красавца зовут «жук-олень», потому что он похож на настоящего оленя.

Ищем рифмы. Соедини слова, звучащие похоже.

улица	ветка
пушка	курица
стакан	таракан
сетка	кошка
ложка	кружка

Добавь слово в рифму.

На лапке у лисы
Новые ... .

Вдоль по улице идёт
Полосатый важный ... .

Рада тётушка Бурёнка
Молоком поить ... .

Собралась с утра Марина
Собирать в лесу ... .

Под сосной сидел мальчишка,
На него упала ... .

Кто проворней голубей?
Ну, конечно, ...

ЗАНЯТИЕ 11

жи	ши	же	ше	цы
жир	шип	шея	цех	цыц
шим	жив	цир	уже	уши

Посмотри, за сколько секунд ты выполнил такое же задание на пятом занятии. Быстрее ли ты стал читать?

сел пел мел ↗ лес век лей дед

нёс пёс вёз тёс ↗ рёв мёд лёд

мяч мял ↗ вял ряд вся для тля

Добавь нужные слова.

Ворона строит на берёзе ГНЕЗДО.

Дружок прячется от дождя в конуре.

Пчёлы несут мёд в улей.

улей   **дупло**   **гнездо**   **конура**

Бишка.

«А ну-ка, Бишка, что в книжке написано?» Понюхала собачка книжку и прочь пошла. «Не моё, – говорит, – дело книги читать; я дом стерегу, по ночам не сплю, лаю, воров да волков пугаю, на охоту хожу, зайку слежу, уточек ищу – будет с меня и этого».

(Константин Ушинский)

25

ЗАНЯТИЕ 12 ✳

Читай, как одно слово.

у окошка	под окошком
у двери	за окошком
у крыльца	на окошке
у бабушки	в окошке

Покажи дорогу ёжику. Вспомни, он может идти только мимо тех слов, в которых есть слог, написанный на его флажке.

сто

стена

сталь

место

тесто

столы

кости

ласты

Добавь слово.

Ро-ро-ро – у крыльца стоит .

Ре-ре-ре – чистая вода в ... .

Ру-ру-ру – подбежал щенок к ... .

Ра-ра-ра – пьёт водичку из ... .

26

– Му-му-му, – мычит  .

– Я сегодня нездорова:

Укусила в ,

У меня потеря слуха.

Кролику обед несут.

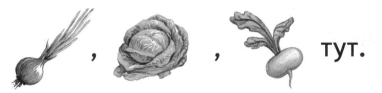 тут.

Есть из клевера салат.

Вот ушастый будет рад!

ЗАНЯТИЕ 13

| стра | стро | стру | стре | спра | спру |
| спря | скра | скро | скри | скре | спра |

Какие слова потерялись?

Мы едем в гости К бабушке.

Петя пришёл ИЗ школы.

Рыжая белка сидит На ветке.

Птицы улетели На юг.

Дима налил воду ИЗ бутылки.

из   **на**   **к**   **под**

Собери слова.

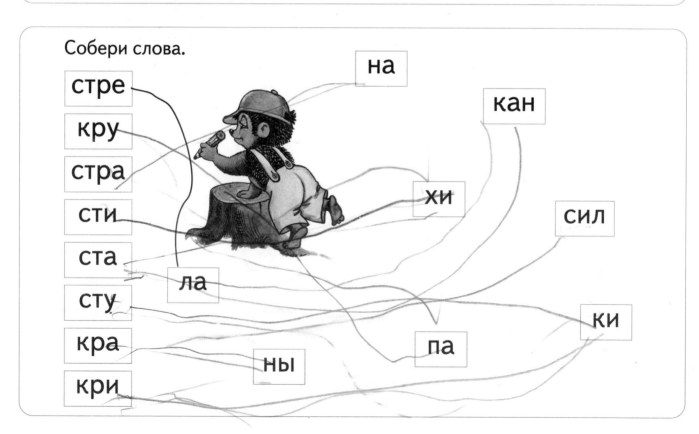

стре
кру
стра
сти
ста
сту
кра
кри

на   кан   хи   сил   ла   ки   па   ны

28

Стал гром громыхать –
Мы домой бежать.
Упал Прошка,
Обронил лукошко.
Дальше бы бежать,
А мы Прошке помогать:
Грибы собирать.

Семеро – не один:
В обиду не дадим!

Пословицы.

Без беды друга не узнаешь.
Один за всех, все за одного.

04.29.09

выскочил ▸	перестал ▸	товарищи ▸
понюхал ▸	бросился ▸	притворился ▸
говорил ▸	спрятался ▸	опасность ▸
отошёл ▸	смеётся ▸	опасный ▸

Читай, как одно слово.

на них	и отошёл
на дерево	с дерева
к нему	на ухо

Покажи ёжику правильный путь.

пар   зоопарк   спорт

парник   правда

пальто   парень

паспорт

Два товарища.
(басня)

Шли по лесу два товарища, и выскочил на них медведь. Один бросился бежать, влез на дерево и спрятался, а другой остался на дороге. Делать ему было нечего – он упал наземь и притворился мёртвым.

Медведь подошёл к нему и стал нюхать: он и дышать перестал.

Медведь понюхал ему лицо, подумал, что мёртвый, и отошёл.

Когда медведь ушёл, тот слез с дерева и смеётся: «Ну что, – говорит, – медведь тебе на ухо говорил?»

«А он сказал мне, что плохие люди те, которые в опасности от товарищей убегают».

(Лев Толстой)

ЗАНЯТИЕ 15

всту	вста	сбра	сбре	сбро	сбру

спла	спле	сплю	сплы	спло	спля

Посмотри на результат на занятии № 11.
Быстрее ли ты стал читать?

Игра «Пирамидка».
Читай целыми словами сверху вниз, затем снизу вверх.

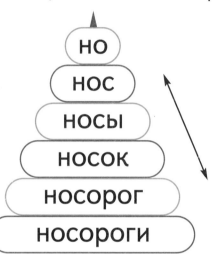

НО
НОС
НОСЫ
НОСОК
НОСОРОГ
НОСОРОГИ

ВО
ВОР
ВОРЫ
ВОРОН
ВОРОНА
ВОРОНЁНОК

Названия игрушек спрятались. Найди и подчеркни их.

смашинканя

храмячка

союлантик

закубикот

кукуклапа

32

Про Катюшу.

Катя-Катенька-Катюша
Уложила спать игрушки:
Куклу безволосую,
Собачку безносую,
Лошадку безногую
И коровку безрогую –
Всех в комок,
В старый мамин
                чулок

С дыркой,
Чтоб
  можно
    было
      дышать.

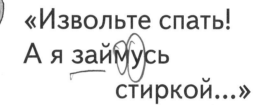

«Извольте спать!
А я займусь
             стиркой...»

От окна до самой
             печки,
Словно белые овечки,
На верёвочках висят
В ряд:
Лошадкина жилетка,
Мишкина салфетка,
Коровьи штанишки
И две бархатные
            мышки...

(Саша Чёрный)

33

ЗАНЯТИЕ 16

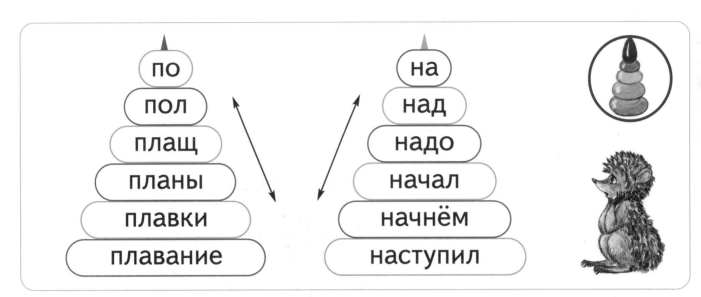

по
пол
плащ
планы
плавки
плавание

на
над
надо
начал
начнём
наступил

Найди незнакомые слова. Подчеркни их.

спина   спиннинг   хоровод   порода
ветер   катер   спор   спорт

Добавь слова.

Ке-ке-ке – дети плещутся в … .
Ки-ки-ки – загорают у … .
Да-да-да – очень тёплая … .
Ди-ди-ди – хоть домой не … .

Наша речка.

Вот чудесная река,
А за ней поля, луга.
Мы речушку эту любим,
Хоть она невелика.

Прибегает детвора
К речке с самого утра.
Брызги, игры, шум, веселье,
Крики: «Я плыву! Ура!»

После бабушка придёт,
Посидит, вздохнёт, вздремнёт,
Полюбуется на волны
И достанет бутерброд.

И, конечно, рыбака
Каждый день зовёт река,
Он стоит, стоит часами,
Глаз не сводит с поплавка.

Вот и вечер. Облака
Воду серебрят слегка.
Как красива речка наша,
Хоть совсем невелика!

ЗАНЯТИЕ 17

рука	река	рыба	репа	Рита
лето	липа	лапа	лупа	Лида
мама	мало	мыло	мяли	Мила

Ты уже знаешь, что иногда слова пишут не так, как произносят (пишут «корова», говорят «карова»). В этом упражнении мы будет тренироваться читать слова так, как мы их произносим в обычном разговоре. Прочитай каждый столбик два раза.

корова   лежал
молчал   коробка
конечно   говорил

Почему цвета так называют? Закончи предложения.

Розовый – как ... .

Сиреневый – как ... .

Лимонный – как ... .

Песочный – как ... .

Малиновый – как ... .

В коробке лежали цветные карандаши. Лежали и спорили: кто из них нужнее?

– Конечно, я – важнее вас всех, – сказал Красный. – Я нужен, чтобы раскрасить огонь, флаг, спортивную машину.

– Нет, я! – спорил Зелёный. – Кто, кроме меня, раскрасит траву, листья, лес?

Каждый карандаш хвалил себя. Они так шумели и ссорились, что чуть не выпали из своей коробки.

Книжка-раскраска молчала, молчала, да и говорит:

– Зачем вы спорите? Ведь даже самый лучший карандаш не сможет меня раскрасить, если он будет один. А все вместе вы сделаете красивым и ярким любой рисунок: и букет, и робота, и радугу. Значит, вы все нужные и важные!

ЗАНЯТИЕ 18

ко
кон
кони
конёк
коньки
коробка
кораблик

ро
ров
рост
роман
ракета
русалка
растение

Дочитай слова до конца.

печка горяч...
речка холодн...

пирожок сладк...
творожок кисл...

треск громк...
плеск тих...

зубы бел...
шубы чёрн...

Мама сварила вкусн... борщ.

Папа починил игрушечн... машину.

Антону купили нов... ролики.

Рассказ Володи о своей семье.

Моя сестра Вероника – самая весёлая девочка в нашем доме.

Моя бабушка Аля – самая добрая из всех бабушек нашего двора.

Мой дедушка Коля – самый умный из всех дедушек нашей улицы.

Мой папа Костя – самый сильный из всех пап нашего города.

А моя мама Ира – самая лучшая из всех мам в мире!

ЗАНЯТИЕ 19

стрекоза ▸   схватился ▸
рассмеялся ▸   рассердился ▸
испугался ▸   чрезвычайно ▸

Прочитай выразительно – радостно или грустно.

Как неприятно!   Какой ужас!
Я так рад!   Как здорово!
Какая хорошая погода!

Прочитай по-разному: радостно; грустно; удивленно; испуганно:

Стоит в поле теремок...

Весёлый старичок.

Жил на свете старичок
Маленького роста,
И смеялся старичок
Чрезвычайно просто:

«Ха-ха-ха   Бу-бу-бу
Да хе-хе-хе,   Да бе-бе-бе,
Хи-хи-хи   Динь-динь-динь
Да бух-бух!   Да трюх-трюх!»

Раз, увидя паука,
Страшно испугался,
Но, схватившись за бока,
Громко рассмеялся:

«Хи-хи-хи
Да ха-ха-ха,
Хо-хо-хо
Да гуль-гуль!
Ги-ги-ги
Да га-га-га,
Го-го-го
Да буль-буль!»

А увидя стрекозу,
Страшно рассердился,
Но от смеха на траву
Так и повалился.

«Гы-гы-гы
Да гу-гу-гу,
Го-го-го
Да бах-бах!
Ой, ребята,
Не могу!
Ой, ребята,
Ах, ах!»

(Даниил Хармс)

41

ЗАНЯТИЕ 20

На чём ты путешествовал? Подчеркни эти слова.

поезд   самолёт   воздушный шар

метро   трамвай   теплоход   автобус

ковёр-самолёт   автомобиль   троллейбус

Я живу в большом городе. Он называется Москва. Недавно я был в гостях у дедушки в городе Киеве. Этим летом мы с родителями поедем отдыхать на море в посёлок Рыбачий.

А где живёшь ты? В каких городах ты бывал?

Мы хотим увидеть мир:
В Курск поехать, в Армавир,
В Муром, в Углич и в Тамбов,
Посетить Смоленск и Псков.

Говорят, красивы очень
Все большие города,
Таганрог, Архангельск, Сочи...
Как же нам попасть туда?

Есть на свете самолёты,
Есть на свете теплоходы,
Скоростные поезда...
Подрастём ещё немного,
Соберёмся в путь-дорогу,
Обязательно увидим
Все большие города!

ЗАНЯТИЕ 21

день	пень	тень	лень	сень
соль	роль	сыпь	боль	конь
мать	корь	мазь	рыть	пить

Найди незнакомые слова. Подчеркни их.

pletень   рябая
изба   калачи
кубарем   ломоть
лапти   колос

Читаем по ролям.

– **Курочка-рябушечка,**
Куда идёшь?
– На речку.
– **Зачем идёшь?**
– За водой.
– **Зачем тебе вода?**
– Цыплят поить.
Они пить хотят,
На всю улицу пищат:
Пи-пи-пи.

Читаем выразительно.

Тень-тень, потетень,
Выше города плетень.
Сели звери на плетень,
Похвалялися весь день.

Похвалялася лиса:
– Всему свету я краса!

Похвалялся зайка:
– Поди, догоняй-ка!

Похвалялися ежи:
– У нас шубы хороши!

ЗАНЯТИЕ 22

лак
лифт
ларец
лошадь
лакомка
листопад
локомотив

мак
март
марки
мамонт
морковь
мартышка
масленица

Слова стояли парами. Некоторые потерялись. Угадай, какие.

холодная погода

грецкий ...

честное ...

лютый ...

колючий ...

швейная ...

Собери пословицы.

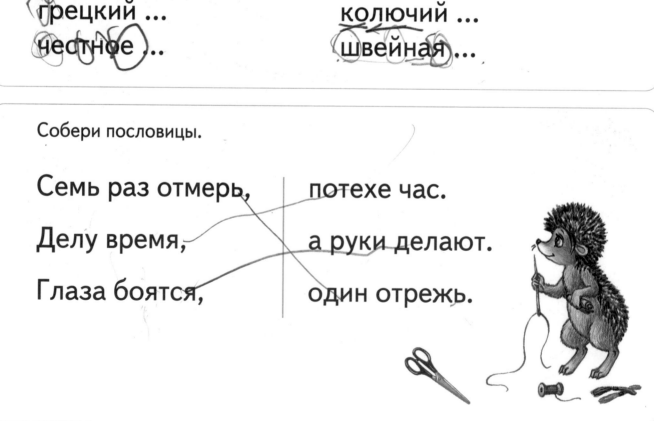

Семь раз отмерь,

Делу время,

Глаза боятся,

потехе час.

а руки делают.

один отрежь.

Детство.

Вот моя деревня;
Вот мой дом родной;
Вот качусь я в санках
По горе крутой.

Вот свернулись санки,
И я на бок – хлоп!
Кубарем качуся
Под гору, в сугроб.

И друзья-мальчишки,
Стоя надо мной,
Весело хохочут
Над моей бедой.

Всё лицо и руки
Залепил мне снег...
Мне в сугробе – горе,
А ребятам – смех!

(Иван Суриков)

ЗАНЯТИЕ 23

рост	корт	пост	визг	парк
мост	писк	торт	лист	пуск
холм	наст	риск	куст	порт

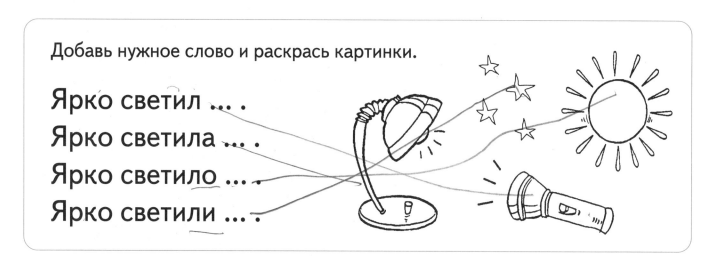

Добавь нужное слово и раскрась картинки.

Ярко светил ... .

Ярко светила ... .

Ярко светило ... .

Ярко светили ... .

На лесной поляне.

На лесной поляне
Мерялись ушами
Заяц, мишка и лисица,
А судьёй была синица.

Заяц гордо всем заметил:
— Нет ушей длинней на свете!
А лиса не уступала:
— Будем меряться сначала!

48

На лесной поляне
Мерялись хвостами
Заяц, мишка и лисица,
А судьёй была синица.

Поздравляли все лису:
Самый длинный хвост в лесу!
Только лишь один медведь
Сел на пень и стал реветь:

Хвост короткий, уши тоже –
Победить никак не может.
Но зато, дружок, ответь:
Кто же может так реветь?

(Наталья Тегипко)

ЗАНЯТИЕ 24

Кто кем работает? Назови профессии этих людей.

Тётя Валя лечит кошек, собак, попугаев, слонов.

Егор Петрович печёт булочки, батоны, бублики.

Иван Иванович управляет поездом метро.

Владимир Николаевич нарисовал картинки для этой книжки.

Слово спряталось.
Найди названия профессий и подчеркни их.
Например, до<u>пекарь</u>ка.

заповарин   мамалярик   спилоток

Света любит шоколадки,
«Чупа-чупс», арахис сладкий,
Мармелад, пирожные
Больше, чем положено.

Как-то раз сжевала Света
Ровно двадцать две конфеты
И почти мешок
Шоколадок «Шок».

Не прошло с тех пор недели,
Жутко зубы заболели.
Повели её к врачу,
Света в слёзы: «Не хочу!»

Услыхав Светланин плач,
Объясняет строгий врач:
«В каждом зубе есть дыра,
Их давно лечить пора!

Меньше кушай шоколадки,
Зубки содержи в порядке!
Не придётся их сверлить,
Не придётся слёзы лить».

ЗАНЯТИЕ 25

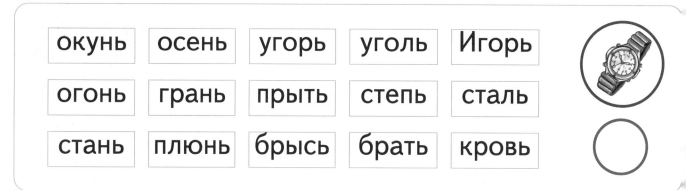

окунь	осень	угорь	уголь	Игорь
огонь	грань	прыть	степь	сталь
стань	плюнь	брысь	брать	кровь

Покажи птицам и насекомым дорогу в нужный домик.

муравей

божья коровка   кукушка   стрекоза

таракан   фламинго   сокол   шмель

стриж   жужелица   страус   иволга

оса   рост   посох

полоса   посадка

косы

осада   посев

Крапива.

Антон увидел на заборе большую бабочку. Крылья у неё красные, с узорами. Ему захотелось рассмотреть красавицу получше. А у забора росла крапива. Обожгла она мальчику голую коленку. Антон даже заплакал от боли. Прибежал домой, маме жалуется: «Хоть бы этой противной крапивы на свете не было! Не нужна она никому!»

А мама и говорит: «Помнишь, какие вкусные щи ты ел на обед? Я их из крапивы сварила! А ещё из крапивы делают бумагу, верёвки и даже лекарства. Да и бабочка, которую ты догонял, не может жить без этого растения. Её гусеницы едят листочки крапивы. Поэтому бабочку так и называют – крапивница. Вот сколько пользы от этой колючей травы. Всем она нужна: и людям, и насекомым!»

ЗАНЯТИЕ 26

Съедобное или несъедобное?

тёплые булочки
тёплые варежки

свежая газета
свежая сметана

мелкая клубника
мелкая тарелка

малиновый жилет
малиновое желе

Мальчик Серёжа готовил салат.
Взял он варенье, муку, виноград,
Сахар, сметану, селёдку, укроп,
Чипсы, морковь и вишнёвый сироп.

Всё размешал и довольным остался:
«Кушайте, гости, я очень старался!»

Какие продукты нужны, чтобы сварить борщ?
Подчеркни их.

свёкла	лук	квас
молоко	орехи	помидоры
мясо	соль	груши
морковь	капуста	творог

В сосновом бору стоит избушка лесника дяди Егора. Много у него работы: дядя Егор следит за порядком в лесу. И звери, и птицы, и насекомые любят лесника — он их друг и защитник. Да и в избе дяди Егора жильцов немало: кот Антип, пёс Авдей, ручной воронёнок Артур. Есть лошадь Анюта и корова Алиса.

Как-то утром взлетел Артур на крышу, сел на трубу и закричал во всё горло:

— Скоро пр-р-р-раздник! У дяди Егор-р-ра день р-рождения! Ур-р-ра!

Решили лесные обитатели сделать имениннику сюрприз.

Пчёлы принесли мёд, мыши — муку, осы — варенье, ежи — землянику. Корова приготовила масло и сметану. Принялись друзья за дело: лошадь печку топит, воронёнок ягоды переби-рает, пёс тесто месит, кот крем готовит. К вечеру всё было готово.

Вернулся дядя Егор из леса голодный и усталый, зашёл в дом, а на столе — огромный торт. С кремом и ягодами.

ЗАНЯТИЕ 27

ЦИ
цирк
циркач
милиция
мотоциклы
мотоциклист

фокусник   **укротитель**

дрессировщик   **жонглёр**   **наездник**

Кто?

Кто достал из маленькой вазы большой шар?

Кто научил кошек танцевать вальс?

Кто смело положил голову в пасть зубастому льву?

Кто мчится по арене, стоя у лошади на спине?

Кто подкидывает и ловит сразу десять тарелок?

Цирк.

Осенью Петя пойдёт в первый класс. Поэтому папа учит его решать примеры. Но дела идут не очень хорошо: не любит мальчик учиться.

— Сколько будет, если к трём прибавить один? — спрашивает папа.

— Восемь, — тут же отвечает Петя.

— Ну, подумай же, не спеши! — просит мама.

— Тогда — два, — готов ответ.

Как-то Петя с бабушкой пошли в цирк. Там столько интересного! Но больше всего Петю удивил Пиф. Пиф — учёная собака.

— Скажи-ка, Пифагор, сколько будет, если к трём прибавить два? — спрашивает клоун.

Умный Пиф тявкает пять раз.

— А если от восьми отнять шесть?

— Ав-ав! — отвечает хвостатый математик.

Стыдно стало Пете: даже маленькая собачка знает больше, чем он. Вернулся домой — и скорей к папе. Примеры решать.

ЗАНЯТИЕ 28

В поле выросли колоски. В каждом колосе много зёрны-шек. Зерно повезли на мельницу. Там из него сделали муку. А что можно испечь из муки? Подчеркни эти слова.

блины	оладьи	рубашки
творог	кренделя	пряники
каравай	пирожки	буханки
калачи	батоны	бублики
котлеты	баранки	карандаши

Прочитай слова так, как мы говорим.

горячий	мягкий	крутится
золотые	лёгкий	вертится
горячие	ничего	светится
победа	никого	ленится

58

Мельница.

Эта мельница у нас –
Мастерица,
Гости к ней весь день идут
Вереницей.

Поскрипит она немного
И – за дело,
Всем муки намелет
Пышной, белой.

Будет скоро угощенье
Ребятишкам:
Пирожки, баранки,
Булки и коврижки.

Дедушки и бабушки
Тоже не в обиде –
Вот блины, оладушки.
Ну-ка, подходите!

Непогода не страшна
Нашей мельнице.
И в жару работает,
И в метелицу.

Птичек мельница зовёт,
Приглашает,
Щедро золотым зерном
Угощает.

И сама она,
Словно птица,
Машет крыльями,
Поёт-веселится.

59

ЗАНЯТИЕ 29

Потешки, считалки.

– Ласточка, ласточка,
Милая касаточка,
Ты где была?
Ты с чем пришла?
– За морем бывала,
Весну добывала,
Несу, несу весну красну.

Рано-рано поутру
Пастушок ту-ру-ру-ру!
А коровки в лад ему
Затянули «му-му-му!»
Ты, коровушка, ступай
В чисто поле погуляй,
А вернёшься вечерком,
Нас напоишь молочком.

Берёза.

Белая берёза
Под моим окном
Принакрылась снегом,
Точно серебром.

На пушистых ветках
Снежною каймой
Распустились кисти
Белой бахромой.

И стоит берёза
В сонной тишине,
И горят снежинки
В золотом огне.

А заря, лениво
Обходя кругом,
Обсыпает ветки
Новым серебром.

(Сергей Есенин)

ЗАНЯТИЕ 30

У одной женщины мыши поели в погребе сало. Она заперла в погреб кошку, чтоб кошка ловила мышей. А кошка поела и сало, и молоко, и мясо.

(Лев Толстой)

Несла Жучка кость через мост. Глядь, в воде её тень. Пришло Жучке на ум, что в воде не тень, а Жучка и кость. Она и пусти свою кость, чтобы ту взять. Ту не взяла, а своя ко дну пошла.

(Лев Толстой)

Ваш малыш кладёт под подушку «АЗБУКУ с крупными буквами»? Ничего удивительного, ведь автор этой «Азбуки» – Наталья Николаевна Павлова. Уже давно это имя не нуждается в рекламе. Первые учебники Н.Павловой – педагога со стажем – появились 10 лет назад. За это время их уже успели полюбить миллионы маленьких и взрослых читателей, потому что они наполнены добротой, теплом, мудростью и любовью к детям.

В каждую строчку, в каждое слово вложены профессиональные знания и богатый педагогический опыт. Все книги объединяет одна общая идея: малыш легче усваивает серьёзный материал в игре. Поэтому огромное количество мальчиков и девочек с любовью прижимают к сердцу яркие красочные книги Натальи Павловой. Целое поколение родителей с благодарностью вспоминает «учебники», которые помогали им в трудном деле обучения малышей.

Учителя, воспитатели, думающие и разборчивые родители сразу выделяют книги Н. Павловой среди пособий-однодневок, которых, к сожалению, немало на прилавках книжных магазинов.

НОВИНКИ: «Азбука с крупными буквами»,
«Читаем после «Азбуки с крупными буквами»,
«Пишем вместе с «Азбукой с крупными буквами», «Математика» .

Оптовая торговля книгами «Эксмо» и товарами «Эксмо-канц»:
ООО «ТД «Эксмо». 142700, Московская обл., Ленинский район, г. Видное
Белокаменное ш., д.1 Тел./факс: (495) 378-84-74, 378-82-61, 745-89-16,
многоканальный тел. 411-50-74.
E-mail: reception@eksmo-sale.ru